AF380196

# LA BATALLA DE STALINGRADO

La primera derrota de la Wehrmacht alemana

Por Jérémy Rocteur
En colaboración con Laure Delacroix
Traducido por Laura Bernal Martín

Historia en50MINUTOS.es

en50MINUTOS.es

# ¡CONVIÉRTASE EN UN GENIO DE LA HISTORIA!

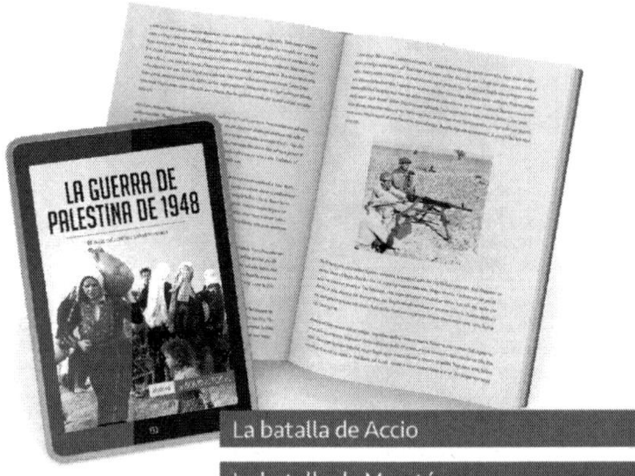


La batalla de Accio

La batalla de Maratón

La guerra de Palestina de 1948

La Operación Tormenta del Desierto

www.en50minutos.es

# LA BATALLA DE STALINGRADO

## DATOS CLAVE

- **¿Cuándo?** Del 23 de agosto de 1942 al 2 de febrero de 1943
- **¿Dónde?** En Stalingrado (la actual Volgogrado, en Rusia)
- **¿Contexto?** La Segunda Guerra Mundial (1939-1945)
- **¿Beligerantes?** La Unión Soviética contra el Tercer Reich alemán
- **¿Principales protagonistas?**
  - Friedrich Wilhelm Ernst Paulus, mariscal alemán (1890-1957)
  - Vasily Ivanovich Chuikov, general ruso (1900-1982)
- **¿Resultado?** Victoria rusa
- **¿Víctimas?**
  - Bando ruso: alrededor de 500 000 soldados y civiles muertos o desaparecidos
  - Bando alemán: alrededor de 150 000 muertos o desaparecidos y más de 110 000 prisioneros

## INTRODUCCIÓN

La batalla de Stalingrado, un verdadero punto de inflexión de la Segunda Guerra Mundial, instaura una nueva forma de confrontación: el combate cuerpo a cuerpo en zonas urbanas.

En el verano de 1942, el objetivo del líder alemán Adolf Hitler (1889-1945) en el frente oriental es apoderarse del Cáucaso y de su petróleo para asestarle un golpe fatal a la economía soviética. Partiendo de la región de Járkov (al este de Ucrania), las tropas alemanas se dividen en dos: el primer grupo se hombres armados se dirige al sur, al Cáucaso y a sus campos petrolíferos, mientras que el VI Ejército del general Friedrich Wilhelm Ernst Paulus pone rumbo a Stalingrado, situada a lo largo del Volga (río ruso).

Aunque los combates estallan el 17 de julio en las inmediaciones de la ciudad, el ataque comienza realmente el 23 de agosto de 1942. Mediante esta empresa, Adolf Hitler quiere proteger en el norte a las tropas que avanzan hacia el Cáucaso, cortar este nudo de comunicaciones ruso y, eventualmente, utilizarlo para subir hacia Moscú.

Debido a su nombre, la ciudad se convierte rápidamente en un símbolo y en el escenario de una feroz batalla entre alemanes y rusos. Los combates callejeros que se suceden tienen unas dimensiones sin precedentes, y la batalla se convierte poco a poco en un asunto personal para el Führer, que se empeña en continuar con la ofensiva.

En una ciudad en ruinas, bajo las órdenes del general Vasily Ivanovich Chuikov, el Ejército Rojo logra resistir y rodear al VI Ejército alemán, que se rinde en febrero de 1943. Por primera vez desde el comienzo de la guerra, las tropas alemanas son derrotadas y obligadas a capitular.

# CONTEXTO POLÍTICO Y SOCIAL

## LOS ORÍGENES DEL CONFLICTO

La Segunda Guerra Mundial comienza el 1 de septiembre de 1939 con la invasión de Polonia por parte del ejército alemán, que obliga a Inglaterra y a Francia, los países garantes de la independencia de Polonia, a movilizarse contra Alemania. El líder alemán se enfrenta a estos dos países en el frente occidental sin ser atacado por la retaguardia gracias al pacto de no agresión firmado con la principal potencia del este, la URSS, que participa en la derrota polaca en septiembre de 1939.

El pacto, llamado «Ribbentrop-Molotov» por el nombre de los ministros de Asuntos Exteriores alemán y soviético de la época y firmado en agosto de ese mismo año, se basa en un deseo común: la destrucción del Estado polaco. El acuerdo, que organiza la desmembración del país tras su derrota, delimita también las zonas de influencia alemana y soviética en Europa Oriental.

Por su parte, Inglaterra y Francia se sienten impotentes ante un ataque regulado por una nueva táctica militar: la *Blitzkrieg* o «guerra relámpago».

### ¿Sabías que...?

La consigna de la *Blitzkrieg* es avanzar lo más rápidamente posible en terreno enemigo con la ayuda de un ejército motorizado y llevar a cabo amplios cercos a las

Gracias a este nuevo modo de ataque, las iniciativas alemanas logran muchas victorias en el primer año de guerra, de manera que, en la primavera de 1941, la mayor parte de Europa se encuentra bajo su dominio. Inglaterra es el único país del continente capaz de continuar plenamente la lucha contra Alemania. Aunque no tiene casi ninguna posibilidad de salir victoriosa del combate, rechaza todas las ofertas de paz que se le ofrecen, haciéndole creer al Führer que el hecho de que los británicos sigan resistiendo se debe a que tienen puestas todas sus esperanzas en un aliado europeo. Dado que casi todo el continente está bajo su control, Adolf Hitler deduce que solo puede tratarse de la Unión Soviética. Por lo tanto, según la lógica del Führer, la derrota del Imperio británico tiene que pasar por una derrota de la Unión Soviética.

A este motivo se le añade un factor económico. El Imperio alemán que Adolf Hitler se esfuerza por construir a través de su política de conquista y de anexión debe ser autosuficiente en lo que se refiere a alimentos y materias primas. Además, para lograrlo, se deben adquirir grandes espacios, y la Unión Soviética está colmada de ellos. Por lo tanto, considera necesario invadirla mediante la apertura de un nuevo frente al este.

## LA INVASIÓN DE LA UNIÓN SOVIÉTICA

La invasión alemana de la Unión Soviética, más que un simple ataque sorpresa, constituye sobre todo una espectacular revocación de la alianza. Antes de iniciar las hostilidades, Alemania se asegura nuevas coaliciones secretas, negociadas con Finlandia, Hungría, Rumania e Italia, con el fin de obtener su apoyo, y el 22 de junio de 1941, pone en marcha la Operación «Barbarroja». Más de cinco millones de personas —es decir, dos tercios de las fuerzas alemanas— parten al asalto del Estado. El ataque, cuyo objetivo es derrotar a la Unión Soviética en un máximo de cuatro meses, quiere ser rápido y decisivo.

Sin embargo, en diciembre de 1941, después de haber tomado el control de los países bálticos, de Bielorrusia y de la mayor parte de Ucrania, las tropas alemanas fracasan en las puertas de Moscú. A pesar de las terribles pérdidas sufridas por el Ejército Rojo, las tropas soviéticas logran lanzar un contraataque. Los alemanes se ven obligados a retirarse, a veces a hasta más de 250 kilómetros, pero se las arreglan para mantener posiciones estratégicas que los rusos se contentan con rodear.

## LA UNIÓN SOVIÉTICA AL BORDE DEL DESASTRE

La ocupación alemana de casi la mitad de los territorios europeos soviéticos —o lo que es lo mismo, de la parte más rica y más poblada de Rusia— sumerge al Estado en una situación crítica y conlleva graves consecuencias para la economía. Entre 1941 y 1942:

- su población activa pasa de 87 a 55 millones de habitantes;
- su producción de granos pasa de 95 a 30 millones de toneladas;
- su producción de vehículos motorizados se divide entre tres.

El Ejército Rojo, seriamente afectado por la invasión alemana, intenta reconstruirse a duras penas. Sin embargo, gracias al traslado de más de 2000 fábricas, que ahora están fuera del alcance de los alemanes, la producción puede recuperarse gradualmente.

A pesar de esto, Joseph Stalin (1878-1953) decide atacar en el mes de mayo de 1942. Aún impulsado por el éxito de la contraofensiva de diciembre de 1941, el líder soviético busca principalmente perseguir al ejército alemán para evitar que recupere sus fuerzas. A continuación se organizan una serie de ataques a lo largo del frente para consolidar los éxitos obtenidos a costa de muchas pérdidas durante el invierno anterior. Pero estos ataques, mal preparados, conducen rápidamente a nuevas derrotas en el bando soviético, siendo una de las más espectaculares la de la batalla de Járkov (12 de mayo de 1942), donde cientos de miles de soldados rusos son hechos prisioneros. Joseph Stalin, que ha aprendido la lección con este nuevo desastre, decide autorizar la retirada de sus tropas y dejar de ejecutar a los generales derrotados, algo que antes hacía. Esta toma de conciencia resultará beneficiosa para los combates que se preparan en el Cáucaso.

**¿SABÍAS QUE...?**

Járkov, el cuarto centro industrial de la URSS, es una ciudad situada al este de Ucrania que se encuentra ocupada por los alemanes desde octubre de 1941. Los soviéticos están decididos a recuperarla y, para principios del mes de mayo de 1942, se prevé una ofensiva dirigida por Semión Konstantinovich Timoshenko (mariscal soviético, 1895-1970). Su plan es simple: se trata de atrapar al adversario entre dos ejércitos. Pero los soviéticos subestiman a las fuerzas adversarias y deciden atacar por el punto del frente alemán más fuerte. El asalto se inicia el 12 de mayo. Los alemanes, cogidos por sorpresa, se ven obligados a ceder terreno. Sin embargo, al darse cuenta de que los rusos se amontonan en las defensas de Járkov, los generales alemanes deciden cogerlos por la espalda y se reúnen detrás de las fuerzas de Semión Konstantinovich Timoshenko. A continuación, se las arreglan para hacerse con 240 000 prisioneros y destruyen 1200 tanques, convirtiendo la batalla de Járkov en uno de los peores desastres que el ejército ruso haya sufrido durante la Segunda Guerra Mundial.

Por otra parte, el líder soviético entiende que no se puede hacer la guerra sin ayuda externa. En consecuencia, Inglaterra y los Estados Unidos acuden en su ayuda poniendo a su disposición a finales de 1941 comida, petróleo, pólvora y explosivos, necesarios para el esfuerzo de guerra.

# EL CONTROL DEL PETRÓLEO DEL CÁUCASO

A pesar de que se encuentra en el apogeo de su poder, la Wehrmacht (el ejército terrestre alemán) no es capaz de hacer que la Unión Soviética se doblegue en 1941. De hecho, la *Blitzkrieg* no está adaptada para un territorio tan vasto como el de la URSS y, poco a poco, muestra sus límites. Ahora, con menos recursos disponibles debido a que el frente oriental se extiende sobre cientos de kilómetros, los generales alemanes, bajo la dirección de Adolf Hitler, deciden concentrar sus esfuerzos en el Cáucaso y en su petróleo.

El oro negro, de suma importancia durante la guerra, le permite a los alemanes garantizar el buen funcionamiento de sus muchas divisiones motorizadas, y así continuar su avance, al tiempo que lo hacen inaccesible para los rusos.

De esta forma, la operación que se elabora —llamada Operación «Azul»— tiene como objetivo asestar un golpe mortal no solo a la economía soviética, sino también al Ejército Rojo, mediante el cerco de cientos de miles de soldados rusos. Para ello, los alemanes deben partir de la región de Járkov y luego dividirse: la misión del primer grupo armado es llegar al sur, al Cáucaso y a los campos petrolíferos, mientras que la del VI Ejército del general Friedrich Wilhelm Ernst Paulus se centra en Stalingrado, verdadero eje entre Rusia y el Cáucaso.

La ciudad, situada en la orilla oeste del Volga, se encuentra en un eje vital para Rusia, porque por ella pasan las comunicaciones entre el norte y el sur, así como la ayuda externa.

Sin embargo, su conquista no es un objetivo prioritario de la Operación «Azul». Hasta septiembre, los alemanes tienen que destruir las fábricas que encuentran en el lugar e interrumpir el tráfico fluvial. Pero, tras el fracaso de la campaña del Cáucaso y la tenaz resistencia mostrada por las tropas soviéticas, Adolf Hitler insiste en tomar el control de la ciudad y se niega a ceder a pesar de las pérdidas sufridas.

# ACTORES PRINCIPALES

## VASILY IVANOVICH CHUIKOV, GENERAL RUSO

Vasily Ivanovich Chuikov, procedente de una familia modesta, nace en 1900 en la provincia rusa de Tula. Se une al Ejército Rojo en 1918 y participa en la Segunda Guerra Mundial. Sin embargo, cuando estalla el conflicto, es enviado a China para ayudar al hombre de Estado chino Chiang Kai-shek (1887-1975) en su guerra contra Japón.

El 12 de septiembre de 1942, el alto mando soviético lo elige para dirigir al 62.º Ejército, responsable de defender la ciudad de Stalingrado. Aunque su misión parece imposible, dirige a los 20 000 hombres que están a su cargo con mano firme y prepara una defensa improvisada. Su misión es compleja: debe mantener la ciudad hasta que lleguen refuerzos y, para lograrlo, está dispuesto a sacrificar a sus hombres con el fin de ganar tiempo. Conocido por ser uno de los generales rusos más despiadados, aterroriza a sus comandantes rechazando categóricamente cualquier retirada, y no duda en ejecutar sumariamente a los desertores. Así, manda fusilar a más de 10 000 soldados durante la batalla alegando traición a la patria.

Mientras defiende la ciudad, Vasily Ivanovich Chuikov busca reducir la principal fuerza de los alemanes: su aviación. También conoce algunos de sus puntos débiles y juega con ellos. Por ejemplo, sabe que sus oponentes odian el combate cuerpo a cuerpo y, por lo tanto, hará todo lo posible para crearlo. También decide aprovechar al máximo el principal obstáculo con el que se encuentra el ejército de Hitler en Stalingrado: las ruinas de la ciudad. Atrae e inmoviliza a las tropas alemanas en los escombros de la ciudad, limitando de esta forma la intervención de la Luftwaffe sobre Stalingrado. Además, desplaza toda su artillería pesada a la orilla oriental del Volga para apoyar la defensa de la ciudad.

Una vez que las tropas de Friedrich Wilhelm Ernst Paulus se encuentran en la ciudad, el objetivo del general ruso es multiplicar los ataques masivos mediante el uso de posiciones fortificadas, entre las que las tropas alemanas se precipitan para después verse divididas ante los tanques soviéticos, medio enterrados bajo los escombros. También revoluciona el combate urbano, al que transforma en un verdadero arte, y crea lo que los alemanes llaman la *Rattenkrieg* («guerra de ratas»), un tipo de combate cuerpo a cuerpo en zonas urbanas que desorienta por completo a los soldados del Tercer Reich.

A pesar de su avance, los alemanes no logran tomar el control de la ciudad. La empresa es compleja, sobre todo porque Vasily Ivanovich Chuikov no para de trasladar su cuartel general. Este se las arregla para tener la ciudad bajo control gracias a los refuerzos que llegan constantemente desde la otra orilla del río hasta el momento del inicio de la contraofensiva rusa, a finales de noviembre.

Por su audacia y su ardor durante la batalla, se convierte en Héroe de la Unión Soviética, el título más alto del régimen estalinista. Después de esta victoria, participa en el ataque final sobre Berlín en abril de 1945 y obtiene el rango de mariscal al final de la guerra.

Después de ocupar el puesto de ministro adjunto de Defensa, muere en 1982. Su cuerpo descansa a los pies de la estatua de la Madre Patria, en el monte Mamáyev en Volgogrado, donde se encuentra el monumento conmemorativo de la batalla de Stalingrado.

## FRIEDRICH WILHELM ERNST PAULUS, MARISCAL ALEMÁN

Procedente de una familia de funcionarios modestos de la región alemana de Hesse, Friedrich Wilhelm Ernst Paulus participa en la Primera Guerra Mundial (1914-1918), de la que sale con el grado de capitán. También combate durante la Segunda Guerra Mundial, participando en la invasión de Polonia en 1939 y en la campaña de Francia.

### ¿SABÍAS QUE...?

Después de la invasión alemana de Bélgica, de los Países Bajos y de Francia en mayo de 1940, el ejército francés se repliega y establece una línea de defensa en el Aisne y en el Somme, donde se desarrollará la batalla de Francia. Los franceses se encuentran en desventaja, ya que parten de una relación de fuerzas de uno contra tres, no disponen de ningún apoyo aéreo y se enfrentan a una gran escasez de armamento pesado. Aun así, se las arreglan para detener el avance alemán. A continuación, el 9 de junio, se lanza un nuevo ataque en la

Champaña. Las fuerzas francesas, atacadas en varios frentes, se hunden. Como la capital está amenazada, el gobierno de Paul Reynaud (1878-1966) abandona precipitadamente París para acudir a Burdeos. Han perdido la batalla de Francia.

A partir de entonces ocupa un puesto de estratega en el alto mando del ejército alemán, y participa en la planificación de la invasión de la URSS. Aunque nunca ha dirigido un regimiento o una división, lo sitúan a la cabeza del VI Ejército en enero de 1942, tras la muerte de su predecesor.

Sale victorioso de la batalla de Járkov de mayo del mismo año, y el 14 de agosto recibe la misión de tomar, con el VI Ejército, la ciudad de Stalingrado, donde se enfrenta a la feroz resistencia del Ejército Rojo.

El mariscal alemán, un meticuloso estratega, se siente más cómodo detrás de un escritorio que en el frente, por lo que se muestra completamente desconcertado frente a la «guerra de ratas» practicada por su oponente. Respetando ciegamente la cadena de mando, obedece escrupulosamente las órdenes de Adolf Hitler y repite constantemente los ataques a las posiciones soviéticas para satisfacer la obsesión de su líder. También se aferra a la ciudad bajo órdenes del Führer, en lugar de tratar de liberarse del cerco ruso.

A finales de enero de 1943, Adolf Hitler lo nombra mariscal con la esperanza de que, gracias a la dignidad que le otorga el rango —el más alto del ejército alemán— prefiera suicidarse antes que ser capturado y, por lo tanto, conocer la deshonra.

Ahora bien, a pesar de la apariencia fría que transmiten sus modales y su cuerpo raquítico, Friedrich Wilhelm Ernst Paulus es un líder que se preocupa por el bienestar de sus soldados. Sabe que sus tropas no pueden seguir luchando y que su situación es desesperada. Por lo tanto, decide rendirse el 31 de enero de 1943, el día siguiente a su ascenso, y es hecho prisionero.

A partir de julio de 1944, cuando aún está detenido, sirve a la propaganda soviética dirigiéndose frecuentemente por radio a los ejércitos alemanes situados en el frente oriental con el fin de convencerlos para que capitulen. Es puesto en libertad algunos años después, tras haber testificado contra líderes nazis en los juicios de Núremberg (1945-1946), y decide retirarse a Dresde, donde fallece en 1957.

# ANÁLISIS DE LA BATALLA

## LA WEHRMACHT A LAS PUERTAS DE LA CIUDAD

Después de separarse de las tropas encargadas de tomar el Cáucaso, el VI Ejército de Friedrich Wilhelm Ernst Paulus llega a las puertas de la ciudad a finales de agosto. La confianza reina en las filas alemanas, ya que son muy superiores en número y en material. De hecho, el general cuenta con cerca de 300 000 hombres y con un formidable apoyo aéreo, mientras que las tropas rusas apostadas en la ciudad solo disponen de 25 000 hombres. Para los alemanes, la toma de la ciudad es solo cuestión de días, y el propio general considera que los combates durarán una semana y media.

El 23 de agosto, la batalla se inicia con un bombardeo masivo de la ciudad por parte de la Luftwaffe, cuyo objetivo es aterrorizar a la población y destrozar la moral de los defensores. La operación es todo un éxito y se cuentan al menos 40 000 muertes entre la población. Para colmar las pérdidas sufridas en el ejército ruso, los civiles se incorporan a la fuerza. Nadie está exento, ni siquiera los adolescentes y las mujeres. Pronto, se lanzan cientos de bombas que transforman la ciudad en un vasto campo de ruinas que los rusos utilizarán contra los alemanes.

Stalingrado destruido parcialmente por los bombardeos alemanes.

El 12 de septiembre, cuando el ejército alemán avanza en los alrededores de Stalingrado, el general Vasily Ivanovich Chuikov se pone al frente de los defensores de la ciudad. La situación parece desesperada: carecen de cañones antiaéreos para neutralizar las mortíferas incursiones de la aviación alemana, y solo cuenta con 20 000 soldados con la moral por los suelos. Con todo, mientras esperan la llegada de refuerzos, los defensores de la ciudad deben tratar de aguantar para agotar a los alemanes. Entonces decide utilizar un método revolucionario para la época: el combate cuerpo a cuerpo en zonas urbanas.

# LA RESISTENCIA DEL EJÉRCITO ROJO

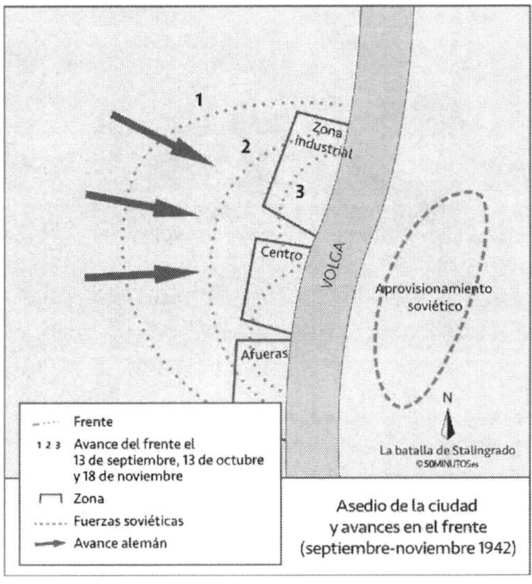



Asedio de la ciudad
y avances en el frente
(septiembre-noviembre 1942)

Dado que Stalingrado es una ciudad muy estrecha que se extiende a lo largo de la orilla oeste del Volga, la táctica preferida de los alemanes, que consiste en rodear a su oponente, no puede llevarse a cabo ya que el río es demasiado ancho. Solo existe una solución: realizar un asalto frontal masivo sobre la ciudad.

El 13 de septiembre, los soldados alemanes van al asalto del centro de Stalingrado. Para evitar todo intento de desbordamiento por los flancos, Vasily Ivanovich Chuikov prevé en primer lugar colocar firmemente a sus tropas en los extremos norte y sur de la ciudad. El sector norte, compuesto por distritos industriales, es el más fácil de defender gracias a la existencia de gigantescos edificios, tales como la fábrica de tractores y la fábrica metalúrgica Octubre Rojo, que son polos de resistencia prácticamente impenetrables. Al sur se encuentra la ciudad vieja, construida de madera, que ya ha sido incendiada casi por completo. De la misma, solo queda un mar de chimeneas de ladrillo y algunos edificios más sólidos, como un gigantesco silo de cereales.

La suerte de los defensores depende principalmente del avituallamiento, que llega por la noche desde la otra orilla del Volga en pontones y chalanas. Esto se produce durante toda la batalla, puesto que los alemanes son incapaces de cortar la conexión. Así, en los meses de septiembre y octubre, 100 000 soldados de refuerzo rusos llegan a Stalingrado. No obstante, se cortan las comunicaciones con la llegada del invierno, que imposibilita la navegación por el rio.

Por su parte, los alemanes avanzan en la ciudad en pequeños grupos de infantería apoyados por tanques, que demuestran ser particularmente vulnerables en la lucha callejera. Como los pisos superiores de los edificios están fuera del alcance de los tiros, la infantería rusa aprovecha esta ventaja para atacar los puntos flacos de sus adversarios: el capote de los tanques y el compartimento del motor.

Avance de soldados alemanes entre las ruinas de Stalingrado.

Además, Vasily Ivanovich Chuikov se ha preocupado por desarrollar las técnicas del combate urbano con sus hombres, privilegiando varias tácticas que consisten en:

- buscar el cuerpo a cuerpo;
- atacar por la noche;
- hostigar a las tropas alemanas con francotiradores durante el día;
- transformar viviendas y fábricas en verdaderas fortalezas.

Para ello, los defensores de la ciudad se aproximan a las posiciones del enemigo arrastrándose silenciosamente para estar lo más cerca posible de sus posiciones y atacarlo por sorpresa y, durante la noche, se mueven a través de las alcantarillas para recuperar las posiciones perdidas durante el día. Por lo tanto, cuando los alemanes por fin logran hacerse con un edificio y atacan al siguiente, los rusos aprovechan la noche para retomar sus antiguas posiciones. Por todo ello, la batalla resulta agotadora para ambos bandos, pero es un verdadero infierno para los soldados de Friedrich Wilhelm Ernst Paulus: esta «guerra de ratas» mina la moral de los atacantes. Por lo tanto, la progresión del VI Ejército es muy lenta, debido a que el avance ya no se calcula en kilómetros, sino en metros. Los combates tienen lugar por toda la ciudad. La determinación y el valor mostrado por los soldados rusos sorprenden a los alemanes, a los que la artillería soviética, situada en la orilla oriental del Volga, acosa constantemente.

Francotiradores entrando en una casa en ruinas.

A pesar de la dureza de la batalla, el Ejército Rojo no abandona, algo que pueden explicar varios factores:

- el miedo a ser hecho prisionero. Durante la guerra en el frente oriental, el ejército alemán mata —sobre todo de hambre— a más de cuatro millones de prisioneros de guerra soviéticos. Los combatientes lo saben y, por tanto, luchan desesperadamente para no caer en las manos del enemigo;
- el poder del sentimiento patriótico ruso. La propaganda política que enfrenta al fascismo contra el comunismo se abandona en favor de la defensa de la «Madre Rusia», verdadera personificación del Estado que figura en todos los carteles patrióticos;
- el marco policíaco y político. En la ciudad de Stalingrado, declarada en estado de sitio desde el 25 de agosto, reina la ley marcial, y la represión desempeña un papel principal durante los enfrentamientos. Los combatientes rusos se encuentran bajo la firme supervisión de los comisarios políticos, que reprimen cualquier intento de rendición o retirada mediante la ejecución;
- la participación de la población en la defensa de la ciudad. Muchos trabajadores, mujeres y adolescentes participan en la defensa de Stalingrado y luchan para defender sus hogares;
- el poder de la propaganda soviética. Esta transmite la imagen de la última zanja, que representa a Stalingrado como el límite entre la barbarie alemana y el territorio ruso. Hay que vencer o ver cómo destruyen tu patria.

A pesar de su heroica resistencia, el perímetro defendido por los rusos se reduce gradualmente. Los alemanes ganan terreno y logran hacerse con el sector sur. Sin embargo, después de más de un mes de intensos combates, el 90%

de la ciudad está destruida, pero esta todavía no ha caído, algo que no agrada al Führer. Por otra parte, como el primer grupo de ejércitos del sur también está bloqueado en su ofensiva para tomar el Cáucaso, toda la campaña de verano de 1942 depende del éxito de la batalla de Stalingrado. Dada la urgencia de la situación, Adolf Hitler decide tomar en solitario las riendas del alto mando del ejército en el frente oriental. Aunque los efectivos de reserva ya no pueden garantizar el relevo, el Führer persiste y fuerza a un VI Ejército al límite de sus fuerzas a continuar el ataque.

Infantería rusa en los escombros de Stalingrado.

A principios de noviembre, los alemanes controlan más del 90% de la ciudad, pero los últimos defensores rusos siguen negándose a rendirse. La situación es aún más crítica debido a que el invierno y el frío amenazan las tropas. Con temperaturas por debajo de -20 °C, el Volga comienza a arrastrar enormes bloques de hielo y se hace innavegable. Privados de su principal ruta de abastecimiento, la situación de los defensores parece perdida.

## LA CONTRAOFENSIVA RUSA

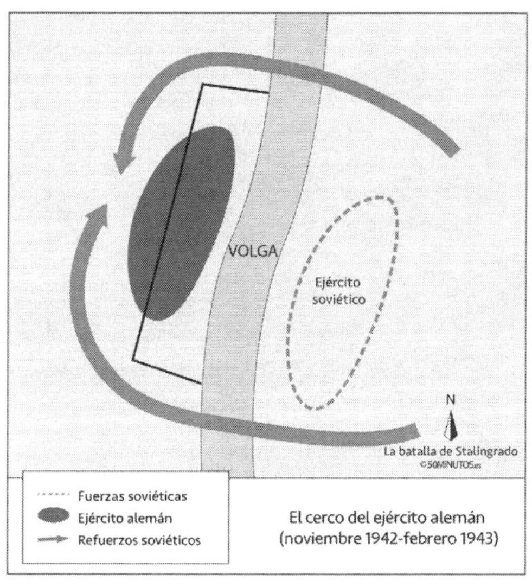


A partir de octubre, las tropas rusas replegadas desde el comienzo de la Operación «Azul» se preparan para realizar una amplia contraofensiva cuyo objetivo sería el punto más vulnerable del ejército de Friedrich Wilhelm Ernest Paulus: los flancos.

El 19 de noviembre, una parte del grupo ataca y derriba el flanco norte del VI Ejército, mientras que se lanza una segunda ofensiva el día 20, esta vez al sur. Al día siguiente, las tropas rusas se unen en la retaguardia de las tropas del general alemán, haciendo caer en la trampa a 260 000 soldados: ahora el ejército alemán está rodeado, y la aviación no puede hacer nada por él por culpa de las condiciones meteorológicas extremas. Por lo tanto, Friedrich Wilhelm Ernst Paulus pide permiso para retirar sus tropas y forzar las líneas rusas, pero Adolf Hitler se niega y ordena al general que aguante.

El alto mando alemán no considera que la situación sea alarmante. Lo cierto es que se estima grave, pero la campaña de Rusia ha estado marcada en varias ocasiones por asedios de ejércitos alemanes que han logrado mantener sus posiciones gracias a los suministros obtenidos mediante un puente aéreo. Pero, esta vez, la táctica fracasa y las 500 toneladas de material diario que necesitan los alemanes para mantenerse a flote no llegan al frente. Enseguida se enfrentan a la escasez de alimentos y de municiones.

El 12 de diciembre se lanza una tentativa terrestre para aliviar al ejército cercado. Un ataque simultáneo con el general Friedrich Wilhelm Ernst Paulus podría liberar al VI Ejército de su cerco, pero, fiel a la orden del Führer de mantener cada pedacito de terreno ganado, se niega a desmontar sus filas y no se mueve. Entonces, ante la presión de los soviéticos, la operación fracasa y las fuerzas armadas alemanas no dejan de disminuir.

Los primeros días de 1943 son testigos del rápido hundimiento del VI Ejército. Acosados por los constantes disparos de la artillería y por los incesantes ataques de los rusos, que reducen progresivamente su foco de resistencia, los soldados alemanes son víctimas del hambre y del frío. El 26 de enero, las tropas se dividen otra vez en dos por culpa de un nuevo ataque ruso. Dada la desesperación de la situación, el general alemán solicita permiso para rendirse, pero este se le niega terminantemente. Para evitar que se rinda y creyendo empujarle al suicidio, Adolf Hitler le nombra mariscal el 30 de enero. Sin embargo, al día siguiente, Friedrich Wilhelm Ernst Paulus se rinde y firma la capitulación general de su ejército. Unos días más tarde, los últimos soldados alemanes abandonan la lucha: la rendición es total.

Rendición de Friedrich Wilhelm Ernst Paulus.

El número de víctimas es alto para ambos ejércitos:

- en el bando soviético, hay 500 000 civiles y militares muertos o desaparecidos;
- en el bando alemán, se cuentan 150 000 muertos o desaparecidos y más de 110 000 prisioneros.

Aunque las pérdidas rusas sean más elevadas, la victoria es total para el Ejército Rojo, que no solamente ha logrado vencer a un ejército alemán, sino que también le ha obligado a rendirse.

## LOS ERRORES ALEMANES

En la batalla de Stalingrado, las tropas del general Vasily Ivanovich Chuikov realizan un verdadero logro al someter a uno de los mejores ejércitos alemanes. Para alcanzar este resultado, los rusos aprovechan varios errores alemanes, tales como:

- el ataque, tardío, de Stalingrado por parte del VI Ejército. De hecho, la ciudad podría haber sido tomada en julio, cuando era poco defendida. Sin embargo, se dio prioridad a las operaciones en el Cáucaso, lo que retrasó el avance de Friedrich Wilhelm Ernst Paulus;
- la falta de tropas de reserva. Una vez iniciado el combate urbano, el general alemán no es capaz de apoyarse en hombres de reserva, que habrían podido relevar a sus exhaustas tropas;
- la evaluación incorrecta de la fuerza de las tropas rusas. Los estrategas alemanes están convencidos de que los rusos están utilizando sus últimos recursos en la defensa

de la ciudad. Por ello, se ven sorprendidos por el contraataque masivo de noviembre;

- los errores sucesivos de los servicios de inteligencia alemanes. Estos no son capaces de proporcionar información precisa sobre el potencial y las intenciones de las tropas soviéticas. Estos errores, a su vez, dan lugar a grandes fallos de apreciación por parte de los generales alemanes.

Sin embargo, hay otras razones que pueden explicar el desastroso resultado de la batalla:

- la imposibilidad de realizar un puente aéreo. Además del tiempo desfavorable del invierno de 1942, la creación y la organización del puente aéreo es lenta. Los aeródromos responsables de asegurar las conexiones con Stalingrado no disponen de pistas adecuadas para soportar un tráfico aéreo de tal magnitud. Por último, la aviación de combate soviética se desarrolla considerablemente desde el verano. Por tanto, el fracaso del puente aéreo marca el comienzo de la decadencia de la supremacía alemana en el aire;
- la obstinación de Adolf Hitler. Al empeñarse en tomar Stalingrado a cualquier precio y al dejar en esta ciudad en ruinas a la mayor parte de las tropas del general Friedrich Wilhelm Ernst Paulus, el Führer es el principal responsable de la aniquilación del VI Ejército. A diferencia de Stalin, ya no escucha a sus generales. Sin embargo, el hecho de que lo convierta en un asunto personal y tome las riendas de las operaciones en el Cáucaso tiene, ante todo, un motivo psicológico: su poder sobre el pueblo

alemán descansa sobre sus frecuentes victorias desde el estallido de la Segunda Guerra Mundial. Pero, a partir del fracaso de la Operación «Barbarroja», de la ocupación del Cáucaso y del reciente revés del Afrikakorps a las puertas de El Cairo en noviembre de 1942, la duda se instala entre la población alemana. Por lo tanto, Adolf Hitler necesita una victoria en Stalingrado.

### ¿SABÍAS QUE...?

El Afrikakorps es un contingente alemán enviado a África del Norte a principios de 1941 para asegurar el control del sur de la cuenca mediterránea. Bajo las órdenes del audaz general Erwin Rommel (1891-1944), este cuerpo de élite logra numerosos triunfos contra los británicos. El más espectacular es la toma del puerto libio de Tobruk en junio de 1942, que parece abrir las puertas del canal de Suez a las tropas alemanas.

Sin embargo, estas sufren una derrota determinante en noviembre de 1942 en la batalla de El Alamein en Egipto, donde son rechazadas por los ingleses. Este fracaso marca el inicio de la retirada del Afrikakorps y el fin de la presencia alemana en el norte de África.

# REPERCUSIONES DE LA BATALLA

## EL FRACASO TOTAL DE LA CAMPAÑA ALEMANA

Los resultados de la campaña de 1942 son catastróficos para Adolf Hitler: no ha logrado su objetivo principal, tomar posesión del Cáucaso y de sus campos petrolíferos y, lo que es peor, uno de sus ejércitos más poderosos ha sido aniquilado. De los 300 000 hombres con los que contaba el VI Ejército alemán en el verano de 1942, casi 280 000 se encuentran fuera de combate después de la batalla.

A pesar de que sus pérdidas son mucho más pesadas, los rusos tienen la capacidad de reemplazar sus efectivos y su armamento. En cambio, Alemania, en guerra desde hace tres años, está sumida en una profunda crisis y ya no cuenta con reservas sobre el frente este, el más mortífero de toda la guerra. Más de tres cuartas partes de los combates que tienen lugar durante la misma se desarrollan en este punto, y en él se registran más del 90 % de las pérdidas totales alemanas durante la Segunda Guerra Mundial.

La derrota de Stalingrado, sin embargo, no marca el final de la Wehrmacht. Los rusos llevan su contraofensiva mucho más allá y vuelven a sufrir reveses en la primavera de 1943. A pesar de la pérdida del VI Ejército, los alemanes regresan en marzo a las posiciones que tenían al principio de la Operación «Azul». Durante el verano, el ejército alemán realiza un último intento por recuperar la iniciativa en el frente oriental durante la batalla de Kursk (Rusia), que termina en una nueva derrota alemana, mucho más desastrosa que la sufrida en Stalingrado. En esta batalla se destruyen las mejores divisiones de tanques alemanas, por lo que Kursk marca la pérdida definitiva de la iniciativa alemana en Rusia. A partir de entonces, los alemanes comprenden que ya no es posible lograr la victoria absoluta sobre el Ejército Rojo y adoptan una postura defensiva hasta la derrota final del Tercer Reich en Berlín en la primavera de 1945.

## LA UNIÓN SOVIÉTICA, SALVAGUARDADA

La victoria lograda con la batalla de Stalingrado permite realmente salvar a la Unión Soviética, al borde del colapso desde finales del año 1942. De hecho, desde agosto, el futuro del sistema estalinista estaba en juego a orillas del Volga. Este éxito aleja finalmente todo riesgo de hundimiento de la economía rusa al proteger la conexión con el Cáucaso, por donde pasan:

- los suministros británicos;
- el aprovisionamiento de petróleo del Ejército Rojo.

Gracias a este logro, el Ejército Rojo también demuestra su capacidad para llevar a cabo ofensivas a gran escala. Por fin está preparado para enfrentarse al ejército alemán, que sin embargo sigue siendo superior en lo referido a la calidad armamentística.

# UN PUNTO DE INFLEXIÓN EN LA SEGUNDA GUERRA MUNDIAL

## Repercusiones para los aliados de ambos bandos

Las alianzas firmadas por Alemania se tambalean después de esta derrota. Los rumanos y los italianos, que han luchado junto a la Wehrmacht contra la Unión Soviética, también sufren graves pérdidas durante esta campaña. Bajo la presión de una opinión popular descontenta, estos vuelven a centrarse en sus intereses nacionales. El líder italiano Benito Mussolini (1883-1945) llega incluso a pedir una autorización para firmar una paz separada con la URSS. Los finlandeses, por su parte, se niegan ahora a participar en cualquier nueva ofensiva en Rusia para poder posicionar sus tropas a la defensiva.

La victoria de Stalingrado también tiene un impacto sobre los aliados occidentales de la Unión Soviética. Como el Ejército Rojo no ha sido derrotado, los rusos pueden continuar su lucha contra casi tres cuartas partes de las fuerzas armadas alemanas. Dada su importancia, los británicos y los americanos deciden entonces hacer partícipe a Rusia en las decisiones importantes sobre la guerra en Europa. Por último, países neutrales como Turquía se sitúan poco a poco más cerca de los aliados. Por lo tanto, todo se derrumba para la Alemania nazi.

## Un punto de inflexión psicológico

La ciudad de Stalingrado, aunque ya no tiene ningún verdadero interés estratégico una vez que el Volga se vuelve innavegable y las fábricas de armamento son destruidas, se convierte en un símbolo en otoño de 1942. En ambos bandos, la población, al igual que sus líderes, se dan cuenta de que el destino de la guerra se juega a orillas del Volga. De hecho, el reto es considerable: los alemanes necesitan una victoria, mientras que los rusos no pueden permitirse una derrota.

En la Unión Soviética y en la Europa ocupada, esta derrota alemana provoca una enorme oleada de esperanza. Por primera vez, la reputación de invencibilidad de la Wehrmacht ya no es tal. La moral de todos los opositores al Tercer Reich, que unos meses antes estaba aún por los suelos, se recupera considerablemente. Después de haber destruido un ejército enemigo, los principales beneficiarios de esta renovada confianza son los soldados rusos, cuyo espíritu de lucha y disciplina mejoran.

La población alemana, por su parte, está sorprendida por la magnitud de la catástrofe. Alemania, que confiaba en la superioridad de su ejército y en el talento de su líder, ve cómo su moral, hasta entonces inquebrantable, toca fondo. Por primera vez desde su llegada al poder, una parte de la población considera a Adolf Hitler responsable de la catástrofe. La batalla de Stalingrado marca el comienzo de la ruptura entre el pueblo alemán y su líder, cuya salud mental empieza a flaquear. Los alemanes se hacen poco a poco conscientes de que no son invencibles y ellos mismos comienzan a dudar de su victoria final.

# EN RESUMEN

**1941**
*22 jun.:* lanzamiento de la
     Operación «Barbarroja»
*Dic.:* las tropas alemanas son detenidas
     en las puertas de Moscú

**1942**
*17 jul.:* primeros combates
     en los alrededores de Stalingrado
*23 ag.:* bombardeo masivo de la ciudad
*13 sept.:* ataque de la infantería alemana
     sobre la ciudad
*19 nov.:* contraofensiva soviética
*21 nov.:* el ejército alemán es rodeado

**1943**
*26 en.:* permiso para capitular denegado
     por el Führer
*31 en.:* Friedrich Wilhelm Ernst Paulus
     capitula a pesar de todo
*2 feb.:* fin de la batalla de Stalingrado



- Después del fracaso de la invasión de la URSS iniciada por los alemanes en el verano de 1941, Adolf Hitler decide emprender una nueva ofensiva un año más tarde, esta vez centrada en el Cáucaso y en sus yacimientos de petróleo, con el fin de asestar un golpe mortal a la economía soviética.
- La Unión Soviética, fuertemente debilitada, parece incapaz de resistir un nuevo ataque. De hecho, ha perdido casi dos tercios de su producción de granos y el control

de más de 30 millones de sus habitantes, que ahora se encuentran bajo ocupación alemana.
- Partiendo del este de Ucrania, el plan alemán consiste en enviar a un grupo del ejército al sur para hacerse con el Cáucaso, mientras que el VI Ejército, bajo las órdenes del general Friedrich Wilhelm Ernst Paulus, se dirige a la ciudad de Stalingrado.
- Este último cuenta con un apoyo aéreo formidable y con 300 000 soldados para tomar la ciudad. Al principio de la batalla, los rusos solo pueden alinear a 25 000 hombres. La victoria alemana parece, por lo tanto, asegurada.
- Después de un bombardeo intensivo de la ciudad, las tropas alemanas entran en los suburbios de Stalingrado a principios del mes de septiembre.
- No obstante, bajo las órdenes del general Vasily Ivanovich Chuikov, que aplica la táctica de la «guerra de ratas», verdadero arte de combate cuerpo a cuerpo en medio urbano, el Ejército Rojo logra retrasar considerablemente la progresión alemana.
- Después de dos meses de intensos combates, los alemanes no consiguen eliminar los núcleos de resistencia soviéticos, que logran suministros por vía fluvial por la noche y que cuentan con 100 000 combatientes suplementarios.
- La contraofensiva soviética se inicia a principios del mes de noviembre y permite a los rusos rodear al general Friedrich Wilhelm Ernst Paulus y a sus tropas. El VI Ejército, que enseguida sufre escasez de alimentos y de municiones, no tiene otra opción que rendirse en febrero de 1943.
- Las pérdidas son terribles para ambos bandos, pero

los soviéticos obligan a capitular a uno de los ejércitos alemanes más poderosos. Es la primera vez que ocurre desde el estallido de la guerra. La supremacía alemana en Europa se tambalea poco a poco, y este acontecimiento marca el mayor punto de inflexión psicológico de la Segunda Guerra Mundial.

*¡Tu opinión nos interesa!*
*¡Deja un comentario en la página web de tu librería en línea,*
*y comparte tus favoritos en las redes sociales!*

# PARA IR MÁS ALLÁ

## FUENTES BIBLIOGRÁFICAS


- Beevor, Anthony. 1998. *Stalingrad*. Londres: Viking.
- Corrigan, Gordon. 2011. *The Second World War. A Military History*. Londres: Corvus.
- Gorodetsky, Gabriel. 2000. *Le grand jeu de dupes. Staline et l'invasion allemande*. París: Les Belles Lettres, colección *Histoire*.
- Hayward, Joel. 1998. *Stopped at Stalingrad. The Luftwaffe and Hitler's defeat in the East. 1942-1943*. Kansas: University Press of Kansas.
- Klee, Ernst. 2003. "Paulus". *Das Personenlexikon zum Dritten Reich*. Fráncfort del Meno: Fischer Taschenbuch Verlage.
- Lopez, Jean. 2008. *Stalingrad. La bataille au bord du gouffre*. París: Economica, colección "Campagnes & Stratégies".
- Montagnon, Pierre. 2008. "Paulus". *Dictionnaire de la Seconde Guerre mondiale*. París: Pygmaglion.
- Montagnon, Pierre. 2008. "Stalingrad". *Dictionnaire de la Seconde Guerre mondiale*. París: Pygmaglion.
- Montagnon, Pierre. 2008. "Tchouickov". *Dictionnaire de la Seconde Guerre mondiale*. París: Pygmaglion.
- Heiber, Helmut. 2013. *Hitler parle à ses généraux*. París: Perrin.
- Roberts, Geoffrey. 2002. *Victory at Stalingrad. The Battle That Changed History*. Londres: Longman.
- Snyder, Timothy. 2011. *Bloodlands. Europe Between Hitler and Stalin*. Londres: Vintage.

## FUENTES COMPLEMENTARIAS


- Bastable, Jonathan. 2008. *Paroles de combattants. La bataille de Stalingrad*. Bruselas: Luc Pire.
- Erickson, John y David Dilks. 1998. *Barbarossa. The Axis and the Allies*. Edimburgo: Edinburgh University Press.
- Monville, Jean-Marc. 2005. *Stalingrad. Journal d'un soldat allemand au front russe*. Spa: Jean-Marc Monville.
- Müller, Rolf-Dieter y Gerd. R. Uberschär. 1997. *Hitler's War in the East. A critical Assessment*. Oxford: Berghan Books.
- Werth, Nicolas. 2012. *Histoire de l'Union soviétique. De l'Empire russe à la Communauté des États indépendants (1900-1991)*. París: Presses universitaires de France, colección *Quadrige Manuels*.


## FUENTES ICONOGRÁFICAS


- Stalingrado destruido parcialmente por los bombardeos alemanes. © German Federal Archives.
- Avance de soldados alemanes entre las ruinas de Stalingrado. © German Federal Archives.
- Francotiradores entrando en una casa en ruinas. © Russian Archives.
- Infantería rusa en los escombros de Stalingrado. © German Federal Archives.
- Rendición de Friedrich Wilhelm Ernst Paulus. La imagen reproducida está libre de derechos.

## PELÍCULAS Y DOCUMENTAL

- *Stalingrado: Batalla en el infierno* (*Hunde, wollt ihr ewig leben!*). Dirigida por Frank Wisbar, con Joachim Hansen, Ernst Wilhelm Borchert y Wolfgang Preiss. Alemania Occidental, 1959.
- *Las últimas cartas de Stalingrado*. Dirigida por Gilles Katz, con Paul Crauchet, Pierre Tabard y Patricia Saint-Georges. Francia, 1969.
- *Nieve caliente*. Dirigida por Gabriel Eguiazarov, con Yuri Nazarov, Boris Tokarev y Anatoly Kuznetsov. Rusia, 1972.
- *Lucharon por su patria*. Dirigida por Sergei Bondarchu, con Tatiana Bojok, Georgy Bourkov y Vasily Shukshin. Rusia, 1975.
- *Stalingrado*. Dirigida por Yuri Ozerov, con Powers Boothe, Mijail Ulianov y Bruno Freindlich. Rusia, 1989.
- *Stalingrado*. Dirigida por Joseph Vilsmaier, con Dominique Horwitz, Thomas Kretschmann y Jochen Nickel. Alemania, 1993.
- *Enemigo a las puertas*. Dirigida por Jean-Jacques Annaud, con Jude Law, Rachel Weisz y Joseph Fiennes. Francia y Estados Unidos, 2001.
- *Stalingrado*. Dirigido por Jörg Müllner y Sebastian Dehnhardt. 2003.
- *Stalingrado*. Dirigida por Fedor Bondarchuk, con Pyotr Fyodorov, Dimitri Lyssenkov y Alexei Barabash. Rusia, 2013.

## MUSEOS Y EDIFICIOS CONMEMORATIVOS

- La casa de Pávlov en Volgogrado, Rusia.

- La estatua de la Madre Patria sobre la colina Mamáyev en Volgogrado, Rusia.
- El museo de la Gran Guerra Patriótica en Kiev, Ucrania.
- El museo panorama "La batalla de Stalingrado" en Volgogrado, Rusia.

¡APRENDER
NUNCA ANTES FUE
TAN RÁPIDO!

www.en50minutos.es

© **en50Minutos.es, 2016. Todos los derechos reservados.**

www.en50Minutos.es

ISBN ebook: 9782806278494

ISBN papel: 9782806281777

Depósito legal: D/2016/12603/232

*Libro realizado por* Primento, *el socio digital de los editores*

Made in the USA
Monee, IL
07 July 2026

56545993R00026